Die Garten-Uhr

Ein Bilderbuch vom Pflanzen und Wachsen
vom Blühen und Ernten

Idee und Text von Christa Spangenberg
gezeichnet und gemalt von Dietlind Blech

Ellermann Verlag

CHRISTIAN

Für Benjamin

5. Auflage 1986

ISBN 3-7707-6187-1
Printed in Germany

In diesem Buch steht:

Bei den Pflanzrezepten stehen folgende Zeichen:

- ⊙ = einjährig
- ⊙ = zweijährig
- ♃ = Staude
- ♄ = Strauch
- ☼ = Sonne
- ☼ = Halbschatten
- ✹ = Schatten
- ⊠ = Kletterpflanze

Was in einem Garten alles wächst

Als ich noch nicht zur Schule ging, hielt sich meine Mutter mit uns Kindern jedes Jahr von Mai bis September auf dem Land in einem Bauernhaus auf. Das war schön! Meine Freundin wohnte in der Nähe in einem hübschen Haus mit einem riesigen Garten. Dort standen große, alte *Bäume,* unter deren Blätterdach wir uns an heißen Tagen trafen.

In diesem Garten gab es auch viele *Sträucher.* Besonders fürs Versteckspielen waren sie gut. Nur hinter der *Hecke* an der Straße konnten wir uns nicht verstecken, denn dort standen die Sträucher dicht nebeneinander, um das Haus vor dem Blick neugieriger Spaziergänger zu schützen.

Damals wuchsen noch viele Blumen in der *Wiese.* Zweimal im Jahr wurde sie mit einer Sense gemäht. Heute haben die Menschen in ihren Gärten lieber *Rasen,* der jede Woche mit der Maschine geschnitten wird. Deshalb sieht man in den Rasen kaum noch Blumen.

Umso mehr *Blumen* stehen in den *Beeten.* Das sind abgegrenzte Flächen mit Erde. In sie werden die Blumen gesät oder gepflanzt.

Im Garten der Eltern meiner Freundin besorgte die Beete ein Mann, der von Beruf *Gärtner* war. Manchmal half ihm mein Onkel. Er arbeitete dort als *Hobby-Gärtner* während seiner freien Zeit.

Unsere Bäuerin hieß Frau Huber. In ihrem Garten zog sie viele *Sommerblumen* und *Gemüse.* Dort holten wir uns Salat und Kräuter für unsere Küche.

Gern schaute ich zu, wenn Frau Huber Samen in die Erde legte. Später sah ich, wie die kleinen Blättchen herauskamen. Wann waren denn endlich die Radieschen so weit, daß ich sie rausziehen durfte? Die Ernte war immer das Schönste!

Als ich im Mai sechs Jahre alt wurde, wünschte ich mir einen eigenen Garten. Ich bekam ihn, und Frau Huber zeigte mir, wie man's macht. Bald wuchsen bei mir Bohnen und im gleichen Beet zwei große Sonnenblumen. Nun war ich schon eine richtige Gärtnerin. Dabei konnte ich noch nicht einmal schreiben.

Heute bin ich immer noch eine Hobby-Gärtnerin. Mit diesem Buch möchte ich viele Kinder anregen, einen eigenen Garten anzulegen. Zum Anfangen genügt ein Stückchen Erde, und sei es nur in einem Blumentopf.

Ein Stückchen Erde

Manche Kinder haben es gut, besonders auf dem Land. Schon wenn sie aus dem Fenster gucken, sehen sie einen Garten. Oft steht ihnen ein kleines Beet zur Verfügung, in das sie selbst etwas pflanzen dürfen.
Kinder in der Stadt haben meist keinen Garten. Aber fast jedes Kind könnte sich einen kleinen Garten anlegen, sei es am hellen *Zimmerfenster* oder auf dem *Balkon*.
Was du als *Minigärtner* alles brauchst? Zunächst einen *Blumentopf*. Er soll ein Loch im Boden haben, damit das überflüssige *Gießwasser* abfließt. Das Loch deckst du vor dem Einfüllen der Erde mit einem Stein zu, sonst schwemmt es diese beim *Gießen* aus dem Topf heraus. Der Blumentopf wird in einen *Untersetzer* gestellt, der das überflüssige Wasser auffängt.
Blumenerde gibt es in Beuteln zu kaufen. Als Werkzeug genügen für den Anfang *Löffel* und *Gabel*. Damit kannst du die Erde einfüllen und lockern. Wichtig ist außerdem ein *Gießkännchen* oder eine Flasche für das Gießwasser. Welche Werkzeuge es gibt und was der Gärtner sonst noch benützt, siehst du auf dem Bild nebenan.
Jetzt kann's mit Säen und Pflanzen losgehen. Aber halt, noch etwas Geduld! Erst einmal solltest du mehr über die Pflanzen, ihr Leben und Wachstum wissen. Sonst macht dir das Stückchen Erde keinen richtigen Spaß.

Was ein Gärtner alles brauchen kann

① Blumenkasten
② Handsprühgerät
③ Blumentopf
④ Samen
⑤ Zwiebeln + Knollen
⑥ Samenschalen
⑦ Spritzmittel
⑧ Blumenkelle
⑨ Drahthandfeger
⑩ Kleinhäckchen
⑪ Blumenrechen
⑫ Spaten
⑬ Sack mit Blumenerde
⑭ Pflanzholz
⑮ Schere
⑯ Bindedraht
⑰ Folie
⑱ Hammer
⑲ Namensschilder
⑳ Handschuhe
㉑ Gießkanne
㉒ Sieb
㉓ Bambusstab

Pflanzen haben Namen wie du und ich

Woher haben die Pflanzen ihre Namen? Oft kommen sie vom *Aussehen* oder von den *Eigenschaften* der Pflanzen her. Manchmal aber auch von dem *Ort,* an dem sie stehen.
Die *Glockenblume* ① hat ihren Namen von der Glockenform ihrer Blüte, die *Sumpfdotterblume* ②, weil sie in feuchten Wiesen wächst, das *Schneeglöckchen* ③, weil seine Blüte schon durch den Schnee spitzt.
In jeder Sprache gibt es für die gleiche Pflanze einen eigenen Namen, manchmal sogar mehrere. Um die Pflanzen besser unterscheiden und erkennen zu können, hat man ihnen lateinische Namen gegeben. Man wählte Latein, weil diese Sprache auf der ganzen Welt verstanden wird.

Mit lateinischen *Familiennamen* konnten die Pflanzen geordnet werden. Sie wurden nach ihrem Aussehen und Wuchs zusammengefaßt, und jede Art erhielt noch einen *Zunamen* zum Familiennamen. Seitdem wissen die Gärtner, ganz gleich, ob sie in Japan, Amerika oder Dänemark leben, daß die Blume, die bei uns Glockenblume heißt, zu der Familie der »Campanula« gehört.
Es gibt sechzig verschiedene Glockenblumenarten. Auf den ersten Blick sehen sie alle ganz ähnlich aus, sind aber dennoch nach Blatt- und Blütenform, Farbe und Wuchs verschieden. Die hier abgebildete Art heißt *Campanula patula.*
Jede Gärtnerei oder Samenhandlung kennt die deutschen Namen der Pflanzen, die in der Garten-Uhr vorkommen. Deshalb sind hier die lateinischen nicht angegeben.

①

②

③

①

②

③

Sonne und Regen kommen vom Himmel

Menschen und Tiere erkranken, wenn ihnen etwas fehlt. So geht es auch den Pflanzen. Eine Blume, die kein Wasser bekommt, vertrocknet. Eine Blume, der es zu kalt ist, erfriert.
Zum Wachsen braucht die Pflanze den richtigen *Standort* (Sonne oder Schatten) ①, die passende *Temperatur* (Wärme oder Kälte) und die ihr entsprechenden *Nährstoffe*.
Viele unserer Pflanzen wuchsen ursprünglich in anderen Erdteilen. Wenn eine Pflanze aus Afrika kommt, ist sie an Sonne und Wärme gewöhnt. Sie verträgt also keine Kälte. Dagegen mögen Pflanzen, die aus dem kalten Norden kommen, nicht so viel Sonne. Manche Pflanzen wachsen in unserem Klima überhaupt nicht.
Was für Nährstoffe brauchen die Pflanzen? Zuerst einmal Wasser; die einen mehr, die anderen weniger. Aber Wasser allein genügt nicht. Für die Entwicklung von Stengeln und Blättern benötigen sie zum Beispiel Stickstoff. Für die Entwicklung von Samen und Früchten brauchen sie Phosphor, dazu noch kleine Mengen von Kali, Kalk und anderen Grundstoffen. Die Pflanzen saugen diese in Wasser gelösten Nährstoffe zum größten Teil über ihre Wurzeln aus der Erde auf.
Licht und Wärme kannst du den Pflanzen durch einen sonnigen Standort verschaffen. Vor Wind schützt du sie, indem du sie vor eine Mauer pflanzt ②. Wenn es wenig regnet, mußt du durch Gießen nachhelfen ③. Und mit Düngen kannst du das Wachstum fördern.
Die Pflanzen, die du in diesem Buch findest, sind nicht besonders anspruchsvoll. Sie wachsen im Garten und auf dem Balkon. Aber paß auf, daß sie nicht verdursten oder erfrieren!

Von Wurzel und Stengel

Wo immer Blumen stehen, im Topf, im Beet oder auf der Wiese, stets siehst du Stengel, Blätter, Knospen und Blüten. Nicht gleich sehen kannst du die *Wurzeln.* Sie stecken meist im Boden, um die Pflanzen in der Erde festzuhalten. Die Margerite und der Klee auf dieser Seite sind mit den Wurzeln gezeichnet; sie wachsen an dem flach ausgebreiteten *Wurzelstock.*
Es gibt sehr unterschiedliche Wurzeln: große und kleine, fleischige und dicke. Manche sehen so kümmerlich und verhutzelt aus, daß man sich gar nicht vorstellen kann, wie sie die Pflanze versorgen. Das ist nämlich neben dem Halten eine weitere Aufgabe der Wurzeln. Daran sind vor allem die büschelartig an den Wurzeln sitzenden *Haarwurzeln* beteiligt. Sie saugen das Wasser und damit auch die Nährstoffe aus der Erde an und leiten sie in die Pflanzenteile über der Erde weiter.
Ganz gleich, wo die Wurzeln sitzen, wie stark sie sind und wie sie aussehen, sie sind ein wichtiger Teil der Pflanze.
Es gibt noch andere Pflanzenteile, die unter der Erde wachsen, aber keine Wurzeln sind: *Zwiebeln* und *Knollen.* Die Zwiebel besteht aus Blättern, die schalenartig ineinander stecken. Sie werden von den äußeren *Schuppenblättern* zusammengehalten, wie hier bei der Narzissen- und Küchenzwiebel ② ③. Knollen haben einen anderen Aufbau als Zwiebeln. Sieh dir die *Knollenbegonie* ④ auf diesem Bild einmal genau an. Könntest du sie von der Zwiebel unterscheiden?
Fast wie ein Wurzelstock sieht die *Dahlienknolle* ⑤ aus. In Wirklichkeit ist sie aber eine Knolle mit vielen Nebenknollen.
In die Erde gebracht, wachsen dann aus allen Knollenteilen Würzelchen.

Aus der Wurzel wächst der *Stengel.* Er heißt auch *Sproß* oder *Stamm* und sucht seinen Weg durch die Erde nach oben ans Licht. Der Stengel kann weich oder hart sein, hohl oder krautig. Ein Baum hat einen holzigen Stengel, nämlich den Stamm. Er ist so hart, daß er durchgesägt werden muß, wenn der Baum gefällt wird.
Wenn du einen Strauß pflückst, merkst du, wie unterschiedlich die Stengel der Blumen sind. Der Löwenzahn ist weich und läßt sich leicht abpflücken. Die Margerite dagegen hat einen festen Stengel. Oft geht gleich die ganze Wurzel mit, wenn du die Blume pflücken möchtest. Auf dem Bild nebenan siehst du, wie lang ein Stengel sein kann. Er reicht von der Wurzel bis zur Blüte.

①

⑤

②

③

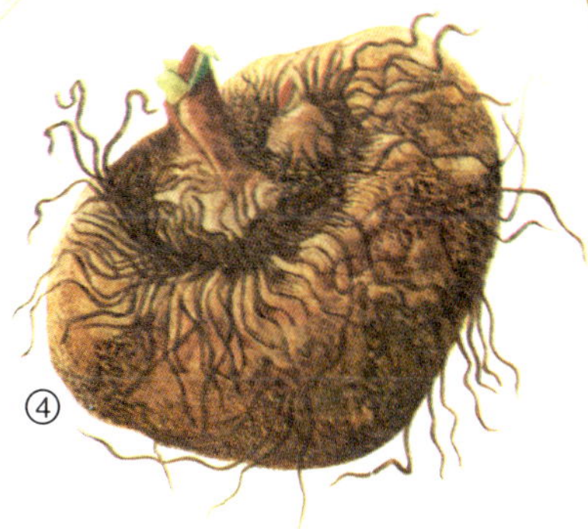
④

① Petersilienwurzel
② Narzissenzwiebel
③ Küchenzwiebel
④ Knollenbegonie
⑤ Dahlienknolle

① Narzisse
② Farn
③ Sterndolde
④ Asparagus
⑤ Ahorn
⑥ Eberesche
⑦ Ulme
⑧ Klee

Allerlei über Blätter

Hast du schon einmal gesehen, wie viele verschiedene Blätter und *Blattformen* es gibt. Du kannst die Pflanzen daran erkennen. Es gibt runde und gezackte, längliche und spitze, zusammengesetzte, herzförmige und gefiederte Blätter, kleine, mittlere und große. Viele Blätter wachsen an langen Stielen, andere an kurzen, manche haben gar keine. Es gibt Blätter mit rauher und behaarter Oberfläche, aber auch solche, die sich glatt und kühl anfühlen.

Die meisten Blätter sind grün. Bei Pflanzen, die nur vom Frühjahr bis zum Herbst Blätter tragen, färben sie sich vor dem Abfallen gelb, rot oder braun.

Nadelbäume haben statt Blätter Nadeln. Das grüne Kleid bleibt ihnen, mit Ausnahme der Lärche, immer, auch im Winter. Sie heißen deshalb *Immergrüne.*

Glöckchen und andere Blüten

Jede Blume, jeder Strauch und jeder Baum blüht zu einer bestimmten Zeit. Und kein Malkasten hat so viele Farben, wie es Blütenfarben gibt. Unzählig sind auch die *Blütenformen:* Da gibt es Trauben (Flieder ①) und Glöckchen (Maiglöckchen ②), *Körbchen* (Gänseblümchen ③) und Büschel (Rose ④); da gibt es trichterförmige Blüten (Schlüsselblume ⑤), aber auch ährenförmige Kolben (Wegerich ⑥) und becherförmige Blüten (Tulpe ⑦). Die Blütenblätter können wiederum gezackt oder spitz, glatt oder eingeschnitten sein, um nur einige Formen zu nennen.

Blüten strömen oft einen wohlriechenden Duft aus. Damit locken sie die Insekten an. Aber auch wir Menschen freuen uns daran. Auf diesem Bild siehst du gleich drei duftende Pflanzen: den Flieder, die Rose und das Maiglöckchen.

③
②
①

Von einjährigen und zweijährigen Blumen

Es gibt Blumen, die *»Einjährige«* heißen, weil sie zwischen Frühjahr und Herbst, also innerhalb eines Jahres gesät werden, heranwachsen, blühen und verblühen. Kälte vertragen sie nicht. Im Herbst kann man ihre reifen Samen einsammeln, trocknen und für die Aussaat im nächsten Jahr aufbewahren.
Samen von *Einjährigen* sind in diesem Buch und auf Samentüten an dem Zeichen ☉ erkennbar. Du findest es bei Kapuzinerkresse (S. 33), Sonnenblume (S. 32), Wicke (S. 32), Strohblume (S. 32), Schmuckkörbchen (S. 32), Studentenblume (① u. S. 32) und vielen anderen. Auch Gemüse, wie zum Beispiel Bohne, Erbse und Radieschen sind einjährig.
Es gibt auch »zweijährige« Blumen ⊙. Sie werden im ersten Jahr ausgesät, meistens im Sommer und blühen im folgenden Jahr. Bekannte *»Zweijährige«* sind Stiefmütterchen (S. 31) und Vergißmeinnicht (② u. S. 31). Beide können, wenn die Pflanzen im Herbst groß genug sind, draußen überwintern.
Suche dir in diesem Buch für dein Beet ein paar Einjährige und Zweijährige aus, die dir gefallen. Besorge dir dann ihre Samen oder Pflanzen. Vielleicht solltest du bei deiner Auswahl auch an *Schnittblumen* denken. Es macht nämlich Spaß, einen Strauß aus Vergißmeinnicht, Wicken oder Sonnenblumen ins Zimmer zu stellen.
Welchen Standort die Blumen brauchen, und wie tief du die Samen in die Erde bringen sollst, findest du in diesem Buch bei den Pflanzrezepten beschrieben. Im Garten säen kannst du diese Blumen aber erst im Mai, wenn die frostfreie Zeit beginnt. Da manche dann nicht mehr zur Blüte kämen, säst du sie schon ab Februar in Blumentöpfen im Zimmer aus. Oder du kaufst sie ab Mai als Pflänzchen beim Gärtner und setzt sie direkt in den Garten oder auf den Balkon. Das ist allerdings teurer und macht weniger Spaß.

Stauden bleiben an Ort und Stelle

Ausdauernder als die Einjährigen ☉ und Zweijährigen ⊙ sind die *Stauden*. Auch sie haben ein besonderes Zeichen ♃.
Im Herbst sterben bei den meisten Stauden die über der Erde wachsenden Stengelteile ab. Ihre dicken, fleischigen Wurzelstöcke bleiben im Winter im Boden. Sie speichern Nährstoffe, die sie aus der Erde nehmen, und treiben im Frühjahr dann von neuem. Die Margerite (S. 12) oder der Fingerhut ③ sind Stauden. Und vielleicht kennst du noch andere, wie Pfingstrose, Phlox, Glockenblume, Rittersporn oder Tränendes Herz.

Von Sträuchern und Bäumen

Sträucher können bis zu drei Meter hoch und noch höher werden. Ihr Zeichen ist ♄. Sie vertragen Kälte, manche mehr, manche weniger. Sträucher haben keinen Hauptstamm, sondern mehrere gleichstarke Äste, die sich schon von der Wurzel weg verzweigen. Sie sind holzig aber meist biegsam. Wenn ein Garten neu bepflanzt wird, nimmt man junge Sträucher. Sie sind oft recht klein und brauchen mehrere Jahre, bis sie ausgewachsen sind.

Die meisten Sträucher tragen Blätter, und zu bestimmten Zeiten auch Blüten und Früchte. Manche blühen im Frühjahr, manche im Sommer. Ihre Früchte tragen sie im Sommer oder im Herbst. Wer kennt nicht die Johannisbeere, den Flieder, den Rhododendron (Abb.), den Hollunder oder die Schneebeere?

Es gibt auch *immergrüne* Sträucher. Sie bleiben das ganze Jahr über grün, zum Beispiel der Wacholder.

Die beliebtesten Blütensträucher im Garten sind wohl die Rosen. Es gibt sie als niedrige Zwergrosen bis hin zu den hohen Kletterrosen. Diese wachsen an den Hauswänden, oft bis hinauf zur Dachrinne. Man kennt Hunderte von Rosensorten. Ihre Hauptblütezeit ist der Juni. Aber viele Rosen blühen wiederholt im Jahr und bis spät in den Herbst hinein. Vor dem Winter verlieren sie ihre Blätter.

Bäume sind die Riesen im Garten. Das für sie verwendete Zeichen sieht so ♄ aus. Es gibt bis zu hundert Meter hohe Bäume. Du findest sie aber nicht bei uns, sondern in anderen Ländern. Für ein Kinderbeet sind auch die niedrigsten Bäume schon zu hoch.

Bäume sind *Holzgewächse* und haben einen Stamm. Man unterscheidet *Laub-* und *Nadelbäume*. Die meisten Laubbäume verlieren im Herbst ihre Blätter. Immergrüne Bäume dagegen werfen – außer der Lärche – ihre Nadeln nur alle paar Jahre ab. Aber nie verliert ein Baum alle Nadeln auf einmal. Der bekannteste Nadelbaum ist die Tanne.

In vielen Gärten gibt es *Obstbäume*. Kirschen und Pflaumen, Äpfel und Birnen wachsen in manchen Gegenden in eigenen Obstgärten. Ja, es gibt riesige Obstbaumfelder, von deren Ernte Gärtner und Landwirte leben können (Apfelbaum S. 19).

Aus eins mach zwei und viele mehr

Woher kommt es eigentlich, daß es immer wieder junge Pflanzen gibt? Zunächst durch die Vermehrung aus *Samen* ①. Sie bilden sich in den weiblichen Blüten, wenn diese durch Wind oder Insekten mit dem Blütenstaub von männlichen Blüten befruchtet wurden. Aus dem so entstandenen Fruchtknoten entwickelt sich die Frucht, die den Samen umgibt. In jedem reifen Samen sind alle Anlagen für die neue Pflanze enthalten.

Viele Pflanzensorten kann man als Samen kaufen. Jeder Gärtner, der ein bißchen Erfahrung hat, kann auch selbst Samen ziehen. Sehr einfach geht das zum Beispiel mit Erbsen ②.

Welche andere Möglichkeiten gibt es noch, Pflanzen zu vermehren?

Die einfachste ist die *Teilung*. Einen Schnittlauchstock ③ kann man mit dem Spaten oder Messer zerteilen ④. Jeder Teil wird getrennt eingepflanzt und wächst für sich weiter.

Durch *Teilung* vermehren kann man auch *Knollen* wie die Kartoffel ⑤. Sie wird dazu so zerschnitten, daß ein Kartoffelstück mindestens zwei *Augen* ⑥ hat. Augen sind kleine Vertiefungen, aus denen die neue Kartoffelpflanze wächst.

Ebenso einfach ist die Vermehrung durch *Ausläufer;* das sind neu bewurzelte Pflänzchen. Sie bilden sich *über der Erde,* zum Beispiel an den Ranken der Erdbeere ⑦. Die jungen Pflanzen werden mit der Schere abgetrennt und an anderer Stelle eingesetzt.

Es gibt aber auch Pflanzen, die ihre Ausläufer *unter der Erde* bilden, wie das Maiglöckchen ⑩. Sie werden einfach abgetrennt und neu eingesetzt.

Auch durch *Stecklinge* kann man vermehren, zum Beispiel Geranien ⑧. Anfang August werden 5 bis 7 cm lange kräftige Triebe abgeschnitten, die unteren Blätter entfernt und in feuchte Erde gesteckt. Nach einigen Wochen bilden sich Wurzeln ⑨. Den Steckling läßt man während des Winters im Haus. Er wird größer, aber natürlich nur, wenn er gegossen und gedüngt wird. Im Frühjahr kommen die jungen Geranien direkt in die Erde, meist in den Balkonkasten.

Durch *Blattstiel-Bewurzelung* lassen sich Begonien vermehren. Dazu wird das Blatt ⑪ abgetrennt und der Stiel in die Erde gesteckt. Wenn sie feucht gehalten wird, bilden sich auch hier kleine Würzelchen ⑫. Eine neue Pflanze entsteht.

Eine weitere einfache Art der Vermehrung ist die *Zwiebelteilung.* Bei der Knoblauchzwiebel auf Seite 28 kannst du die kleinen Zehen sehen. In die Erde gesteckt wächst jede als eigene Pflanze weiter.

So, jetzt weißt du etwas über Vermehrung. Die hier aufgeführten Beispiele kannst du leicht ausprobieren und beobachten.

⑧

⑨

⑩

⑪

⑫

Vom Umgraben und Düngen

Ganz gleich, ob die Pflanzen im Topf, in einer Schale, im Balkonkasten oder im Garten wachsen sollen, immer brauchen sie gute *Erde*. Braun und krümelig sollte sie sein. Wenn ein bißchen *Sand* daruntergemischt ist, kann das Wasser sie besser durchdringen. Steine oder Reste alter Pflanzen hindern die neuen beim Wachsen. Nimm sie deshalb heraus.

Dein *Gartenbeet* sollte etwa so lang und so breit sein, wie du groß bist. Darin wächst schon eine ganze Menge. Vor dem Säen oder Pflanzen gräbst du die Erde mit einer Schaufel oder mit dem Spaten um. Dadurch wird sie gelockert, und Luft, Wasser und Wärme gelangen besser an die Wurzeln der Pflanzen. Deshalb ist das Umgraben so wichtig. Danach streichst du die Erde mit dem Rechenrücken glatt.

Blumenerde für den Zimmergarten und den Balkon kannst du »fertig« in Päckchen kaufen. Der *Dünger,* also die *Nährstoffe* für die Pflanzen, ist darin schon enthalten. Auch im Garten muß, wenn die Erde nicht genügend Nahrung hat, mit Dünger nachgeholfen werden.

Früher gruben die Menschen im Herbst Kuh-, Pferde-, Schaf- oder Hühnermist in die Erde. Heute gibt es eine Mischung von *Kunst-* oder *Naturdünger* zu kaufen, die schon beim Umgraben unter die Erde kommt. Noch einfacher ist es, dem *Gießwasser* Dünger beizugeben. Das darf aber nicht auf die *Jungpflanzen* gegossen werden, sondern nur auf die angefeuchtete Erde rund herum. Die Erde soll deshalb angefeuchtet sein, weil sonst die Pflanzen die Düngerflüssigkeit zu gierig aufsaugen und dadurch verbrennen.

So wie die Menschen können auch die Pflanzen durch zuviel und falsche Nahrung erkranken. Also lieber weniger düngen als zuviel! Wie man's richtig macht, steht auf der *Düngerpackung* zu lesen.

Der Pflanzplan

Die Erde ist jetzt vorbereitet. Es kann losgehen! Während in einen Blumentopf oder in eine Pflanzschale meist nur eine Sorte Blumen gesät wird, kann ein Gartenbeet oder ein Balkonkasten mehrere Sorten aufnehmen. Damit du eine hübsche Bepflanzung bekommst, solltest du vorher einen Plan zeichnen. In dem teilst du das Beet wie eine Wohnung auf und überlegst dir, welche Pflanzen dort wachsen sollen. Als Beispiel findest du hier vier Pflanzpläne.

Übrigens: wenn das Beet nicht von allen Seiten gut erreichbar ist, legst du in der Mitte einen kleinen Weg an. Plattenreste oder ein Brett dienen als Straße, auf der du bequem stehen kannst.

Auf dem kleinen *Kräuterbeet* sind neben Schnittlauch, Petersilie und Gartenkresse vier Gemüse abgebildet. Kennst du sie?

Fast wie ein Teppichmuster sieht der Plan für das *Frühlingsbeet*① aus. Zu den Stiefmütterchen wurden Blumen ausgewählt, die aus Zwiebeln wachsen. Schon im Herbst kommen sie in die Erde. Wie du sie pflanzen kannst, findest du auf Seite 26.

Auf dem Plan für das *Gemüsebeet*② wird dir gezeigt, wie du aus Kressesamen zum Beispiel den Namen BEN säen kannst. Dafür machst du eine Schablone. Die Radieschen sind mit Absicht rund um das Beet gesetzt; sie wachsen schnell und können so leichter ausgezupft und wieder nachgesät werden.

Gemüse und Blumen findest du auf dem *Pflanzplan*③. Erkennst du sie wieder und weißt du, was in die kleinen Löcher kommt, die neben den großen gelben Blumen eingezeichnet sind?

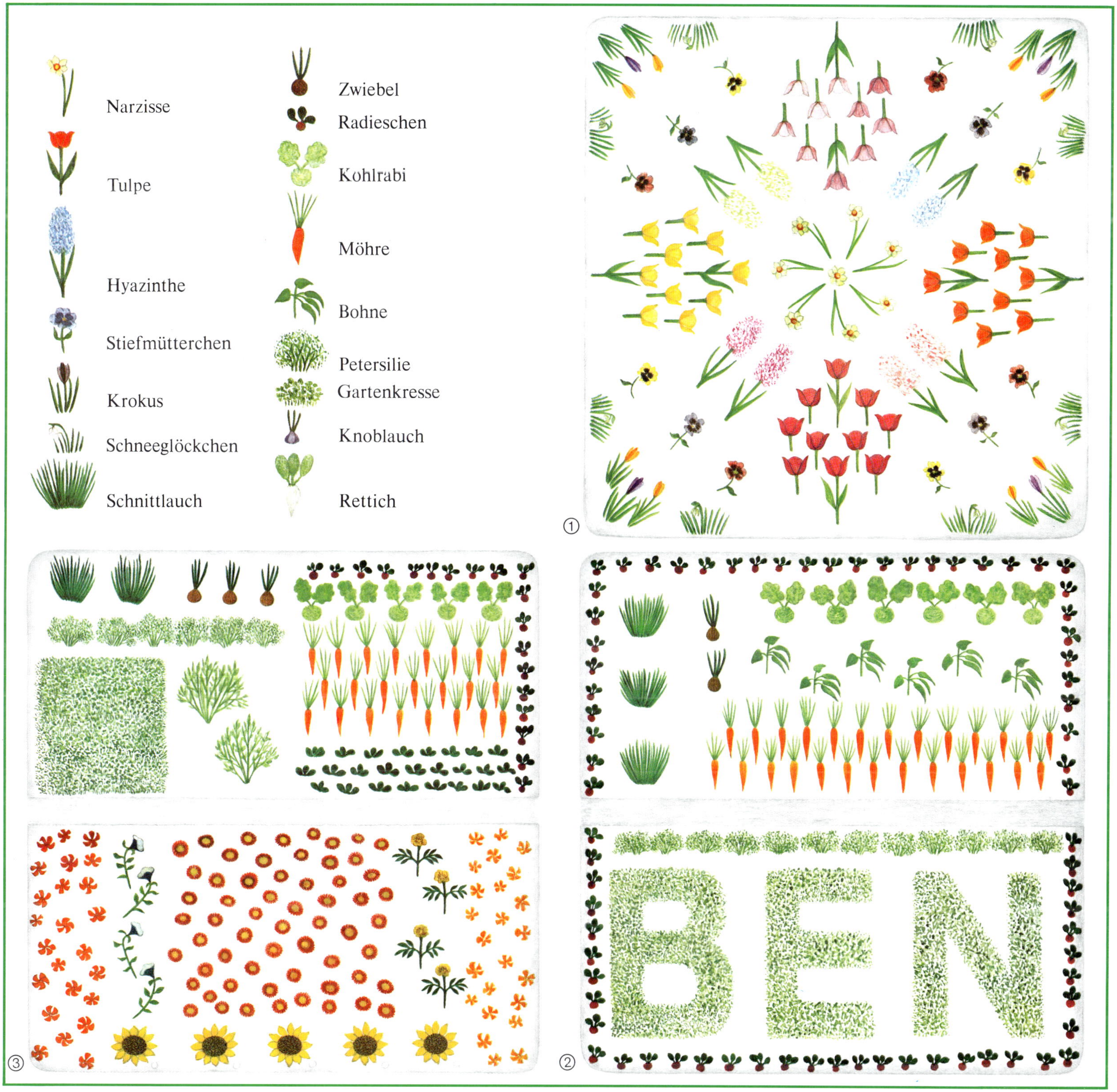
Narzisse
Tulpe
Hyazinthe
Stiefmütterchen
Krokus
Schneeglöckchen
Schnittlauch
Zwiebel
Radieschen
Kohlrabi
Möhre
Bohne
Petersilie
Gartenkresse
Knoblauch
Rettich
①
BEN
②
③

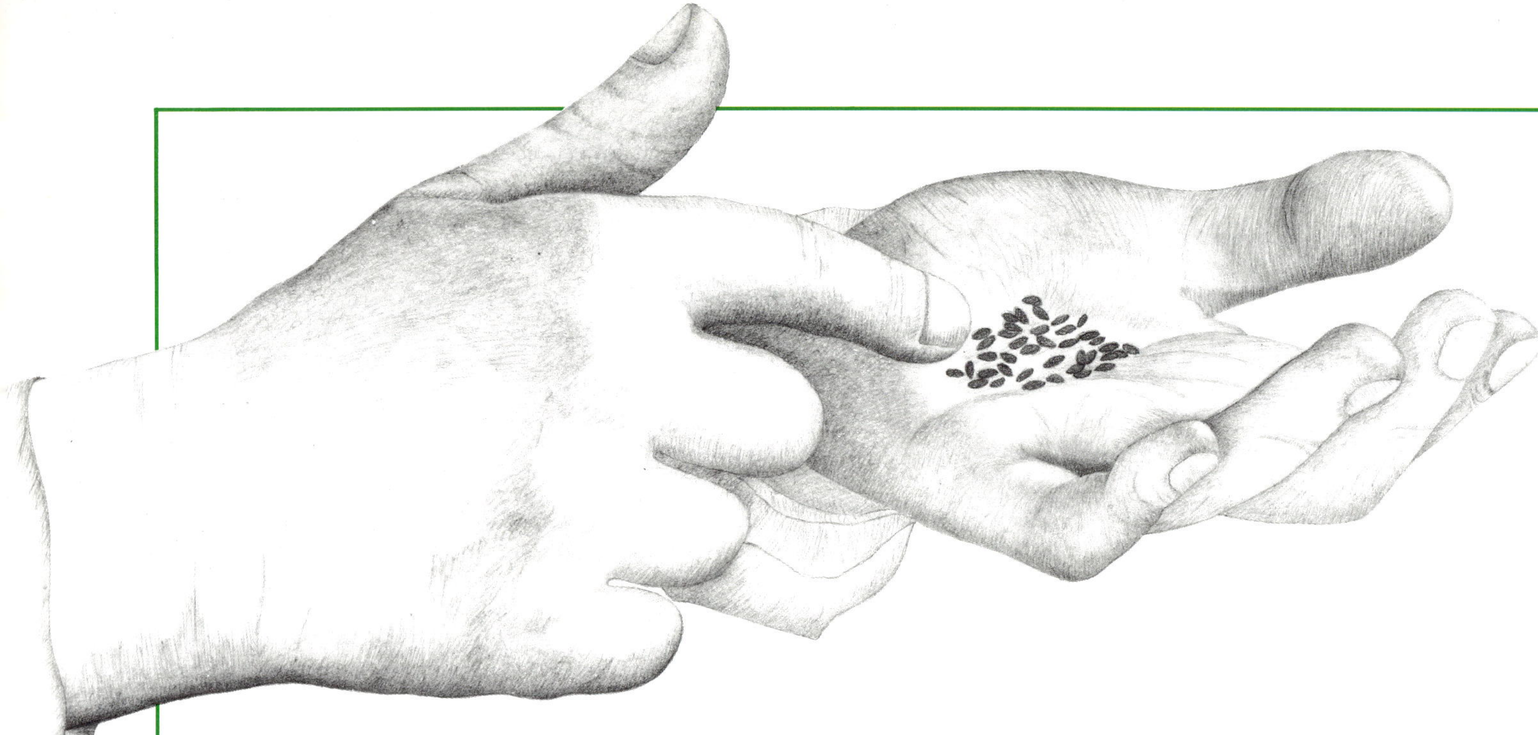

①

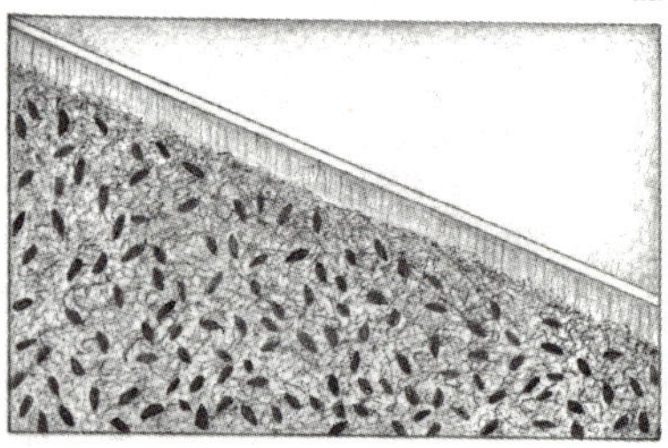

②

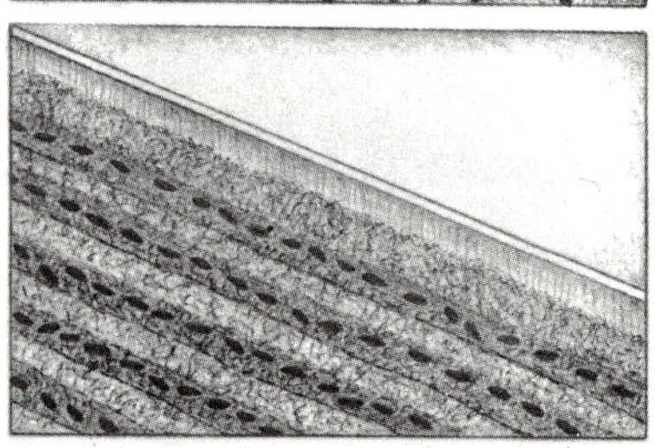

③

Jetzt kannst du säen

Samen haben verschiedene Größen. Kressesamen zum Beispiel sind kleiner als Kümmelkörner. Bohnensamen dagegen sind so groß wie Kaffeebohnen oder noch größer. Wie bringt man die Samen in die Erde? Ist Breitsaat besser oder Reihensaat?

Kleine Samen, wie zum Beispiel die von Kresse und Petersilie, kannst du in *Breitsaat* ② ausstreuen. Das ist aber nicht so einfach, denn wenn du zu dicht säst, erdrücken sich die Keimlinge gegenseitig. Vermischst du dagegen den Samen mit trockenem Sand, läßt er sich leichter breit streuen ①.

Bei der *Reihensaat* ③ zieht man mit einem Hölzchen Reihen in die Erde und streut die Samen vorsichtig hinein, zum Beispiel Möhren (S. 34). Natürlich mußt du vorher auf der Samentüte lesen, wie tief die Rille sein darf. Liegt der Samen nämlich zu tief in der Erde, geht er schlecht oder gar nicht auf.

Kleine Samen gibt es jetzt in Pillenform. Die Samen sind in einer wasserlöslichen Masse versteckt, sozusagen in einen Teig gehüllt und dadurch vergrößert. *Pillensaat* ⑤ kannst du dann gleich im endgültigen Abstand in die Erde legen.

Am einfachsten ist das Säen großer Samen. Nimm zum Beispiel Bohnen ④. Zuerst liest du auf der Samentüte, in welchem Abstand sie liegen müssen. Mit einem Stöckchen zeichnest du die Stellen an und legst die Samen darauf. Dann drückst du sie mit dem Zeigefinger ins Beet und überdeckst sie mit Erde. Diese glättest du mit den Fingern oder mit dem Rücken des Rechens. Da manche nicht aufgehen, ist es besser, gleich zwei oder drei Samen an dieselbe Stelle zu legen. Wenn wirklich zu viele Pflänzchen aufgehen, ziehst du sie vorsichtig heraus und setzt sie - falls du noch Platz hast - an einer anderen Stelle wieder ein.

Weil das Säen in Reihen nicht so einfach ist, haben die Menschen etwas Neues erfunden. Sie stecken die Samen in *Saatbänder* ⑥ und zwar schon so, wie der Abstand im Beet sein soll. Das Saatband legt man in eine vorgezogene Rille, deckt mit Erde ab und drückt sie fest. Dann wird die Erde angefeuchtet. Dadurch löst sich nach einigen Tagen das Saatband auf. Bald kommen die ersten Blättchen der Pflanzen heraus.

Manche Samen gehen schnell auf, andere brauchen zwei bis drei Wochen oder noch länger zum Keimen. Geduld, Geduld, es wächst schon!

Übrigens: nicht verbrauchte Samen kannst du trocken aufbewahren und im kommenden Jahr wieder verwenden.

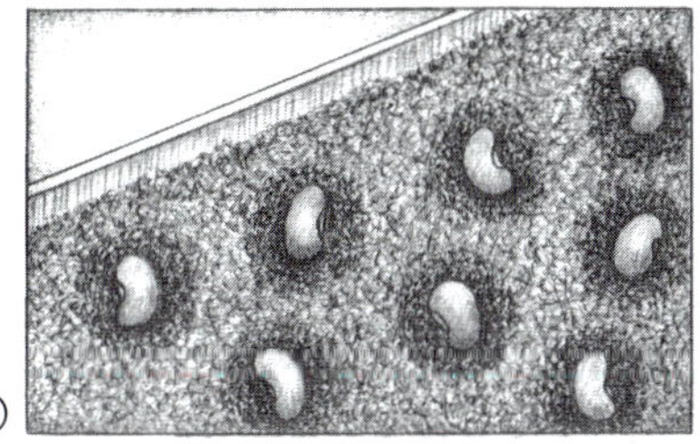
④

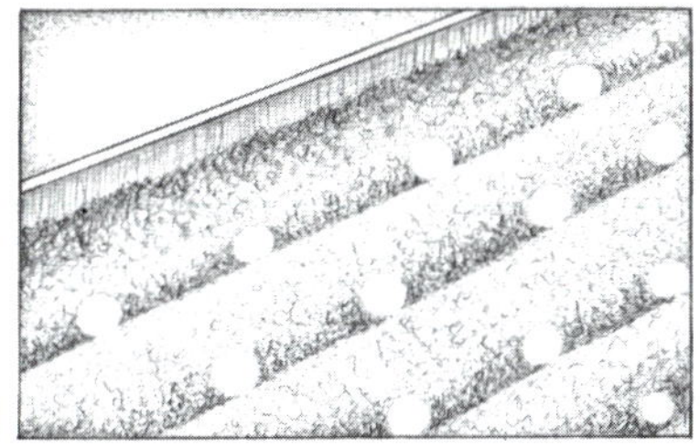
⑤

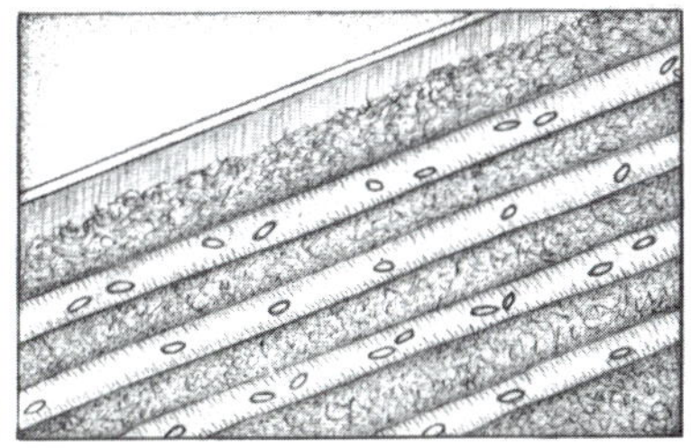
⑥

Wie aus einem Bohnensamen eine Bohnenpflanze wird

Jetzt kannst du pflanzen

Es ist nicht gut, während der Sonnenstunden zu pflanzen oder umzupflanzen. Wenn du dir beim Gärtner die Pflanzen in der heißen Tageszeit geholt hast, läßt du sie bis abends – in feuchtes Zeitungspapier eingeschlagen – liegen.
Mit einem Hölzchen zeichnest du die Stellen an, wo die Pflanzen gesetzt werden sollen ①. Nicht zu dicht, sonst nehmen sie sich gegenseitig Licht, Luft und Sonne. Denk daran, daß sie größer werden ③.
Je nach Größe der Pflanze, die gesetzt werden soll, muß die *Pflanztiefe,* das heißt das Pflanzloch sein. Du gräbst es mit dem Handschäufelchen. Die Wurzeln der Pflanze dürfen nicht auf dem Boden des *Pflanzlochs* aufsitzen ④, und nicht hineingepreßt werden. Wenn dann die Erde um die Wurzeln herum aufgefüllt wird, sollen auch keine Luftlöcher entstehen. Die feuchte Erde muß die Würzelchen voll umschließen. Dabei darf der grüne Blatt-Teil der Pflanze nicht unter die Erde kommen! Drücke die Erde rund um die Pflanze gut an, damit sie gerade bleibt. Dabei bildet sich auch

①

②

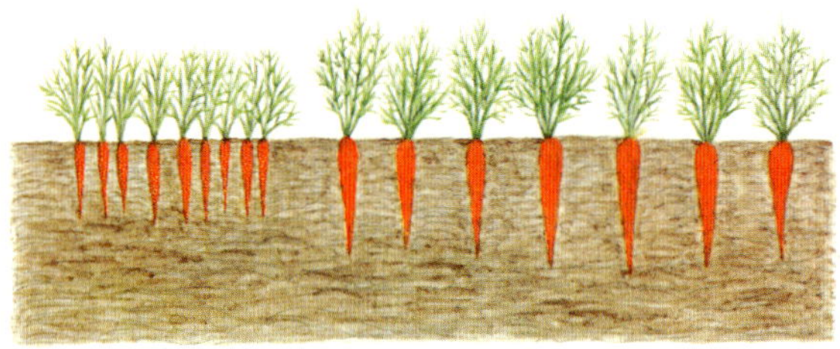

③

④

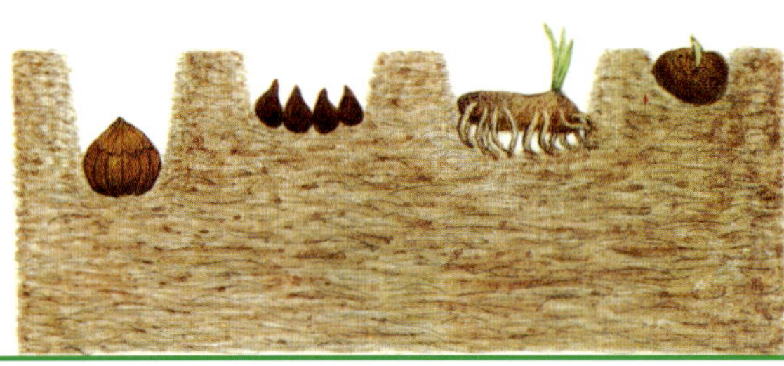

⑤

eine kleine Erdvertiefung, ein Ring zum *Angießen.* Neu gesetzte Pflanzen brauchen Wasser, mehr Wasser als die schon angewachsenen Pflanzen.
Nach einigen Tagen sind die Pflänzchen angewurzelt. Das merkst du daran, daß ihre Blätter nicht mehr schlaff herunterhängen ②.
Größere Pflanzen solltest du durch einen Stab stützen, sie vielleicht sogar vorsichtig und locker anbinden. Um sie zu schützen, kannst du sie auch vor eine Mauer setzen und an einem Gitter befestigen.
Ob du selbst Pflanzen heranziehst oder sie dir beim Gärtner besorgst, ist gleich. Auf jeden Fall: je größer die *Jungpflanzen* sind, desto einfacher ist das Setzen. Am besten wachsen sie an, wenn sie schon kleine Wurzelballen haben.

Ein festes Rezept, wie man die *Zwiebeln* und *Knollen* setzt, gibt es nicht. Sie werden meist etwa zweimal so tief in die Erde gelegt, wie sie hoch sind. Die Spitze natürlich nach oben ⑤. Zwiebeln von Tulpen, Narzissen, Krokussen, Hyazinthen und Schneeglöckchen gräbst du vor dem Winter in die Erde, und zwar ab Ende September.

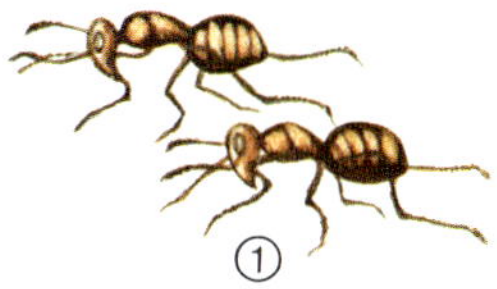
①

②

③

Wie genau geht die Garten-Uhr?

Jede Pflanze hat sozusagen ihre Kennkarte. Man weiß, wann sie ausgesät wird, man weiß, wann sie blüht, und trotzdem geht das nicht genau nach der Uhr. Entscheidend nämlich für das Wachstum von Blumen, Bäumen und Sträuchern ist das *Wetter*. In einem schneelosen, warmen Winter kommt das Schneeglöckchen schon im Januar heraus. Nach einem kalten, langen Winter aber erst im März.
Und so ist das mit allen Pflanzen, je nachdem, ob es Sonne oder Dauerregen gibt, warm oder kalt ist, wachsen und gedeihen sie schneller oder langsamer. Die Zeitangaben in diesem Buch für die Pflanz- und Blütezeit können also nur Anhaltspunkte sein.

④

⑥

Was krabbelt da im Beet herum?

In den Gärten gibt es viele kleine und kleinste Tiere, die für die Pflanzen schädlich oder nützlich sein können. *Ameisen* ① bauen oft ihre Straßen und Ameisenhaufen mitten ins Beet. Grüne oder schwarze *Läuse* ② setzen sich an die jungen Triebe der Pflanzen. *Erdflöhe* ③ knabbern am Grün der Kresse, Petersilie und Möhren. Am gefräßigsten aber ist die *Gartenschnecke* ④; über Nacht vertilgt sie kleine Salatpflanzen oder Blätter von Blumen, die ihr schmecken.
Gegen diese Vielfraße helfen dem Gärtner *Vögel* ⑤ und *Marienkäfer* ⑥. Sie holen sich die kleinen Tiere zu ihrer Ernährung.
Auch in der Erde gibt es Helfer für den Gärtner. *Regenwürmer* ⑦ durchwühlen die Erde so fleißig, daß sie locker und durchlüftet wird.

⑤

Acht Regeln für den Hobbygärtner

1 Erde vor dem Pflanzen lockern oder umgraben.
2 Pflanzplan machen; passende Pflanzen zusammensetzen.
3 Zeit für die Aussaat beachten.
4 Samen nicht zu dicht säen.
5 Zu dicht aufgegangene Pflanzen herausnehmen.
6 An heißen Tagen morgens und abends pflanzen.
7 Regelmäßig gießen, Erde locker halten und düngen.
8 Abgeblühte Pflanzen rausnehmen, neue nachpflanzen.

⑦

Petersilie, Suppengrün wächst in meinem Garten

Der *Kräutergarten* braucht nicht groß zu sein. Gartenkresse, Petersilie und Schnittlauch sind die bekanntesten Kräuter. Sie wachsen im Topf auf dem Balkon und im Garten.
Frische Kräuter werden gerne in der Küche benutzt. Du kannst sie in den Salat schnippeln, mit ihnen den Geschmack von Gemüse verbessern oder sie einfach kleingeschnitten aufs Brot streuen.
Gartenkresse wächst schnell und im Zimmer das ganze Jahr über. Du kannst übrigens beim Keimen und Wachsen fast zuschauen. Den Samen verteilst du auf eine dünne, angefeuchtete Watteschicht, legst die Watte auf einen Porzellanteller und deckst sie zwei Tage lang mit einer Aluminiumfolie ab. Wenn du die Folie wegnimmst, wirst du eine Überraschung erleben!

Pflanzrezepte für Kräuter und Zwiebeln

Gartenkresse wächst im Zimmer, auf dem Balkon und im Garten. Kresse schmeckt gut aufs Butterbrot und zum Salat und ist für Anfänger, die noch wenig Erfahrung haben, besonders geeignet. Sie wird ab März, wenn die Erde nicht mehr feucht vom Winter her ist, ausgesät. Samen dichter streuen, als es üblich ist. Schon nach 2 – 3 Wochen kannst du ernten. Dabei schneidest du die Pflänzchen 1 cm über der Erde ab.
Gartenkresse, in Breitsaat dicht ausgesät, bildet einen grünen Teppich. Du kannst sogar Muster ansäen oder wie wär's mit Buchstaben aus dem ABC, deinem Namen oder deinem Geburtsdatum (s. S. 23)?

⊙ ☼ *Petersilie* ist eines der verbreitetsten Gewürze in Kräutergärten. Man verwendet sie für Suppen, Gemüse und Salate. Die Schnittpetersilie wird ab März bis zum August ins Beet ausgesät, am besten in Reihen von 15 - 20 cm Abstand. Der Samen ist sehr klein. Es dauert 3 - 4 Wochen, ehe die ersten Blättchen aus der Erde spitzen. Sobald die Petersilie 10 - 12 cm hoch ist, kann sie geschnitten werden. Sie wächst wieder nach. Petersilie mag viel Feuchtigkeit und gute Erde.

⊙ ☼ *Zwiebel, Küchenzwiebel.* Es gibt große und kleine mit goldfarbener, weißer oder roter Haut. Die Hausfrau verwendet Zwiebeln für Salate und für Gemüse. Ich würde Zwiebeln nicht in ein Kinderbeet pflanzen. Wenn du es trotzdem ausprobieren möchtest, nimm eine Steckzwiebel und stecke sie im Mai so in die Erde, daß ihre Spitze aus dem Boden herausragt. Zwiebeln brauchen Feuchtigkeit und Sonne. Vom Stecken bis zur Ernte dauert es 10 - 12 Wochen.

♃ ☼ ☀ *Schnittlauch* gehört in die Familie der Zwiebelgewächse. Das riecht man, wenn man seine grashalmartigen Röhrchen zwischen den Fingern zerreibt. Schon vor Frühlingsanfang gibt es ihn in Töpfen zu kaufen. In der Küche am hellen Fenster wächst er weiter, wenn du das Gießen nicht vergißt. So kannst du Schnittlauch jeden Tag in Salat und Suppe oder auf deinem Brot essen. Mit der Schere oder mit dem Messer schneidest du soviel ab, wie du eben brauchst. Schnittlauch-Samen wird ab April/Mai ins Beet in Reihen oder auf dem Balkon in eine Schale gesät. Schnittlauch braucht gut gedüngte Erde und Feuchtigkeit. Wenn du ihn immer wieder schneidest, wächst er am besten.

Einen Schnittlauchstock, der zu groß wird, kannst du teilen (s. S. 20). Schnittlauchstöcke können im Sommer vom Haus in den Garten umgepflanzt werden.

⊙ ☼ *Knoblauch* gehört zu der Familie der Zwiebeln. Unter der äußeren, weißen Haut findest du die Knoblauchzehen. Sie werden in der Küche, ähnlich wie die Gewürze, in sehr kleinen Mengen verwendet. Nicht alle Menschen mögen Knoblauch. Ab April steckst du die Zehen (S. 28) im Abstand von 8 cm einzeln in gut gedüngte Erde; im Juli/August kannst du ernten.

Mein Balkon-Garten

In Städten und Dörfern, überall siehst du Kästen voll blühender Blumen auf den Balkonen, vom Frühsommer an bis zum Herbst. Für viele Städter, die in Mietshäusern leben, bedeutet der Balkon soviel wie ein Garten. Und das kann er ja wirklich sein.
Die Auswahl der Pflanzen sollte sich nach der Lage des Balkons richten. Wir wissen ja, wie wichtig der Standort für das Gedeihen der Blumen ist. Für *sonnige Balkone* (Süden oder Westen) eignen sich Geranie, Petunie und Pantoffelblume, von denen man sich im Mai Pflanzen kauft. Kapuzinerkresse und Strohblume säst du aus.
Als Strauch ist auch die Topfrose geeignet, die auf dem Balkon sogar überwintern kann.
Auf *schattigen Balkonen* (Norden oder Osten) gedeihen alle Sorten von Begonien, besonders die Knollenbegonie, aber auch das Fleißige Lieschen oder die Fuchsie. Das sind bei uns die beliebtesten Balkonblumen, die jede Gärtnerei hat.
Wenn es ein Gitter auf dem Balkon gibt, wachsen daran Schlingpflanzen, wie die hohe Kapuzinerkresse, Wikken oder Feuerbohnen hoch.
Auf unserem Bild siehst du einen Sonnenbalkon mit Strohblumen, Kapuzinerkresse, Petunien und Pan-

toffelblumen. Auch Kräuter wachsen dort. Die Sonnenblume ist am Balkongitter angebunden, damit sie der Wind nicht umbläst.
Im Herbst werden die verblühten Blumen mit den Wurzeln vorsichtig aus dem Pflanzgefäß gezogen. Danach wird die Erde gelockert. Vielleicht mußt du wieder neue Erde nachfüllen.
Die Balkonkästen brauchen im Winter nicht leer dazustehen. Im späten Herbst kannst du sie mit Tannenzweigen bestecken. Das sieht nicht nur hübsch aus. Wenn du vorher Zwiebeln von niedrigen Tulpen und Narzissen in die Erde gelegt hast, schützen die Tannenzweige sie vor Kälte. Im Frühjahr blüht es dann schon zeitig auf deinem Balkon. Auch Stiefmütterchen kannst du in Balkonkästen setzen.

Frühlingsblumen für Balkon und Garten

⊙ ☼ ☀ *Vergißmeinnicht* haben unzählige himmelblaue Blüten. Sie sind zweijährig wie die Stiefmütterchen, werden aber etwas höher. Ihre Aussaat soll im Juli/August an einem feuchten, nicht zu warmen Ort erfolgen. Wenn die Pflänzchen 7–10 cm hoch sind, können sie in das endgültige Beet gepflanzt werden. Sie blühen dann im Mai/Juni des folgenden Jahres.

♃ ☼ ☀ *Tulpen* gibt es niedrige, mittlere und hohe, frühe und späte in vielen Farben. Man kann die Zwiebeln in Beuteln kaufen. Zwischen 5 und 25 Stück sind darin. Ab September werden sie einzeln 10 cm tief in die gelockerte Erde gelegt. Abstand von Zwiebel zu Zwiebel mindestens 10–20 cm. Niedrige Tulpen eignen sich auch für Balkonkästen (s. S. 30).

♃ ☀ ✹ *Schneeglöckchen* sind die ersten Frühlingsboten. Sie können zum *Verwildern* unter Büsche oder an die Stellen in den Garten gesetzt werden, die im Sommer nicht neu bepflanzt werden. Ihre kleinen Zwiebeln bleiben nämlich in der Erde. Es gibt sie in Säckchen zu kaufen, 50–100 stückweise. Sie werden im Herbst mit der Spitze nach oben in die Erde gesetzt, sechs Stück in ein 8 cm tiefes Pflanzloch.

⊙ ☼ ☀ *Stiefmütterchen* sind mit dem Veilchen verwandt. Sie sind zweijährig und werden im Sommer gesät. Die Pflänzchen kannst du im Herbst noch verpflanzen, und zwar dorthin, wo sie im Frühjahr blühen sollen: auf den Balkon oder in den Garten.
Es gibt Stiefmütterchen in gelb, weiß, blau und violett. Sie können durcheinander gepflanzt oder auch nach Farben aufgeteilt werden. Sie sind anspruchslos. Im Sommer wird es ihnen zu heiß. Sie wachsen aus und werden langstielig. Nimm sie heraus!

Sommerblumen für Balkon und Garten

⊙☼ *Schmuckkörbchen* ①. Sie werden auch *Cosmea* genannt und haben zarte Blätter und Blüten. Es gibt sie in weiß, rosa, lila und blau. Sie wachsen bis 80 cm hoch. Aussaat bis Mai. Einfacher ist es, Schmuckkörbchen als Pflanzen zu kaufen und sie im Abstand von 40 cm ins Beet zu setzen. Verblühte Blumen säen sich selbst aus und kommen oft im nächsten Jahr wieder.

⊙☼✹ *Studentenblume* ②. Es gibt niedrige und hohe Sorten dieser goldgelben Blume. Sie ist keine Schnittblume für die Vase, weil sie nicht gut riecht. Sie eignet sich aber für den Balkon oder als *Beetumrahmung*. Die Aussaat sollte schon im Februar/März im Zimmer erfolgen. Einfacher ist es, im Mai beim Gärtner Pflänzchen zu kaufen, je nach Wunsch hohe oder niedrige. Sie werden bald blühen.

⊙☼ *Strohblume* ③. Ihr Name sagt schon, daß sie die bekannte Schnittblume für *Trockensträuße* ist. Die Blüten wachsen einzeln an langen Stielen. Es gibt sie in mehreren Farben. Aussaat im Frühjahr in Töpfe und ab Mai ins Beet oder in Balkonkästen. Einfacher ist es, Pflanzen zu besorgen. Die Erde soll gut gelockert sein. Blüte von Juli bis Oktober, Höhe bis 80 cm, Pflanzabstand 25 cm. Die noch nicht voll aufgeblühten Blumen werden geschnitten, zu Sträußen gebunden und zum Trocknen aufgehängt.

⊙☼ *Sonnenblume*. Sie blüht im Sommer und wird bis zu 2 m hoch. Ihre Blüten leuchten weit. Es gibt gelbe und rotgoldene Sorten. Manche haben nur eine Blüte, manche haben mehrere. Du säst Sonnenblumen ab April ins Beet oder auf dem Balkon. Der Pflanzabstand soll etwa 50 cm sein. Es ist besser, gleich zwei Samen in ein Pflanzloch zu stecken und dann später die schwächere Pflanze herauszuziehen und zu versetzen. Sonnenblumen fallen bei Wind leicht um, binde sie deshalb an (s. S. 30). Sie blühen von Juli bis September. Sonnenblumenkerne sind ein beliebtes Vogelfutter, auch Öl wird aus ihnen gepreßt.

⊙☼⨳ *Wicke* ④. Diese Schlingpflanze blüht von Juni bis Herbst. Sie hat zarte, duftende Blüten. Es gibt sie in vielen Farben. Ihre Aussaat kann ab Ende März ins Gartenbeet oder auf den Balkon erfolgen und zwar in einer oder zwei Reihen. Lege zwei Samen in ein Pflanzloch im Abstand von 10 cm. Wicken brauchen einen Zaun aus Draht oder aus Reisig (dürre Äste von Tannen), an dem sie sich hochranken können; außerdem guten, lockeren Boden. Je mehr Wicken du abschneidest, desto besser wachsen sie.

⊙☼⊠⊠ *Kapuzinerkresse* ⑤. Ihre hohen Sorten sind als rankende Blütenpflanzen für Balkone geeignet. Die niedrigen für Einfassungen von Blumenkästen (s. S. 30) und Beeten.
Die Samen werden einzeln in die Erde gesteckt, alle 10 cm ein Korn. Wichtig ist, daß die Samen in der Erde feucht gehalten werden. Sonst ist Kapuzinerkresse nicht anspruchsvoll. Sie blüht von Juni bis Herbst.

⑤

③

②

④

Was wächst dort im Gemüsegarten?

Es gibt Gemüse, deren Frucht nicht zu sehen ist, weil sie unter der Erde wächst: zum Beispiel Kartoffeln, Möhren, Radieschen und Rettiche. Von ihnen siehst du nur die Blätter und Stengel über der Erde. Anders ist das mit Erbsen, Bohnen, Tomaten, Salat und Spinat. Du kannst ihre Blätter, Blüten und Früchte über der Erde beobachten. Dabei siehst du, wie sich die Köpfe des Salats bilden, wie die Hülsen der Erbsen wachsen, ja, du kannst sogar fühlen, wie groß die jungen Erbsen in den Hülsen schon sind und wann du sie ernten kannst.

Ein bißchen Platz für Gemüse wirst du in deinem Gartenbeet schon haben. Auf der Seite der Gartenpläne (s. S. 23) sind einige Beispiele, wie du es pflanzen kannst. Hier findest du die Pflanzrezepte für Gemüse. Vergiß nicht, daß auch die Kräuter zum Gemüsegarten gehören.

⊙☼ *Radieschen* ①. Die roten, rosa oder fast weißen Sorten schmecken gut aufs Butterbrot. Sie wachsen schnell. Aussaat ab März bis Mai, dann erst wieder im August. Samen einzeln in den Boden stupfen! Von Samen zu Samen 8 cm Abstand. Reihenabstand 10 cm. Radieschen solltest du feucht halten; sie mögen keine Sommersonne. Nach 6 - 8 Wochen sind sie erntereif. Auch auf dem Balkon kannst du sie aussäen.

⊙-⊙☼☀ *Feldsalat* ②, *Rapunzel, Rapünzel* oder *Nüsselsalat* genannt. Er wächst in Rosetten wie Salatköpfe für die Puppenküche. Die Samen können im August in Reihen mit 15 - 20 cm Abstand oder in Breitsaat gesät werden. Bei gutem Herbstwetter kannst du etwa nach 8 - 10 Wochen ernten. Die Blätter werden abgeschnitten und wachsen wieder nach. Schnee und Kälte schaden Feldsalat nicht. Die eigentliche Ernte ist dann im Frühjahr. Bei zu warmem Frühlingswetter wächst Feldsalat aus.

⊙☼ *Kohlrabi* ③. Es gibt weiße und blaue Kohlrabi. Als Gemüse wird das weiße Fleisch unter der Schale verwendet. Nimm vier Pflanzen für ein kleines Beet. Du kannst sie kaufen und mit 30 - 40 cm Abstand setzen. Bald bildet sich am Sproß über der Erde eine Verdickung, die Knolle. Nach 8 - 10 Wochen ist die Knolle erntereif. An ihr wachsen auch die Blätter.

⊙-⊙☼ *Möhre* ⑤, auch *Gelbe Rübe* oder *Karotte* genannt. Dieses Wurzelgemüse schmeckt roh und gekocht. Aussäen kannst du ab März bis Juni in Reihen, nicht zu dicht. Von Reihe zu Reihe 25 cm Abstand. Mit Sand vermischte Samen lassen sich leichter streuen. Zu dicht stehende Pflanzen ziehst du heraus, sonst erdrücken sie sich gegenseitig (s. S. 26). Sobald sich die krautigen Blätter bilden, wird die Erde zwischen den Reihen gelockert. Bei Trockenheit gießen! Ernte 3 - 4 Monate nach Aussaat.

⊙☼⨳ *Bohne* ④. Beliebt als Gemüse und Salat. Für das Beet sind Buschbohnen einfacher, weil sie niedrig wachsen (30 - 40 cm hoch). Stangenbohnen dagegen werden bis zu 2 m hoch und brauchen, auch am Balkon, ein Stangengerüst. Aussaat von Mitte Mai bis Juni. Pro Pflanzstelle drei bis vier Bohnensamen im Abstand von 2 cm kreisförmig setzen; Samen 4 - 5 cm tief in die Erde stecken. Bei nahrhafter, lockerer Erde und warmem Wetter wachsen sie rasch. Nach 2 Monaten blühen sie und fangen an, Hülsen zu bilden, in denen später die Bohnenkerne liegen. Vorsichtig pflücken, sonst reißt die Pflanze mit ab!

⊙☼⨳ *Erbse*. Von diesen kleinen grünen Früchten wachsen mehrere in einer Hülse. Sie werden meist an einem Gitter aus Draht oder Reisig gezogen. Daran klettern die Pflanzen mit ihren Ranken hoch. Aussaat in Reihen ab April entlang des Beetrandes; lieber gleich zwei Samen 3 - 5 cm tief in jedes Pflanzloch stecken, weil die Vögel gern die Erbsen herauspicken! Eine sonnige, windgeschützte Lage ist wichtig. Erbsen wachsen rasch und sind nach 10 Wochen erntereif.

Hyazinthen auf Gläsern

Es gibt Hyazinthenzwiebeln, die nicht in der Erde, sondern in Wasser gezogen werden. Diese Zwiebeln können schon an Weihnachten blühen. Übrigens ist das ein hübsches Geschenk. Anfang Oktober besorgst du dir eine Zwiebel und ein Marmeladenglas. Es gibt auch Hyazinthengläser zu kaufen. Nun füllst du Wasser in das Glas und setzt die Zwiebel darauf. Dabei soll der Zwiebelboden nicht eintauchen, sondern einen halben Zentimeter über dem Wasser hängen. Wenn du ein Stückchen Holzkohle ins Wasser gibst, wird es nicht trüb. Nun stellst du das Glas an einen dunklen, kühlen Platz. Es ist gut, wenn du über die Zwiebel eine kleine Tüte als Hut stülpst. Die kannst du dir zurechtschneiden und zusammenkleben oder die Spitze einer Obsttüte nehmen.
Sobald die Wurzeln 10 cm lang ins Wasser ragen, stellst du das Glas mit der »behüteten« Hyazinthe an ein helles Fenster. Gieße immer frisches Wasser nach, aber achte darauf, daß das Wasser nicht den Zwiebelboden berührt; er würde faulen. Sobald der Trieb mit den Blättern und der noch versteckten Blüte herauskommt, hebt er die Tüte an. Nimm sie dann ab.

Narzissen auf Steinen

Im Wasser können auch bestimmte Narzissen gezogen werden. Sie heißen Tazetten. Ihre Zwiebeln setzt du zu mehreren zusammen in eine flache Schale, die mit sauberen kleinen Kieselsteinen gefüllt ist. Die Narzissenzwiebeln werden vorsichtig in die Steine hineingedrückt; so kann der Kies sie halten. Gieß soviel Wasser dazu, daß die Oberschicht der Steine gerade feucht ist.
Wenn du Anfang November mit der Narzissentreiberei anfängst, blühen sie zu Weihnachten.

Barbarazweige

Nach einem alten Brauch werden am Tag der Heiligen Barbara, das ist der 4. Dezember, Zweige von Sträuchern und Bäumen abgeschnitten. Draußen würden sie im Frühjahr blühen, aber im warmen Zimmer treiben und blühen sie früher. Besonders gut eignen sich dafür Zweige von Kirschen, Pfirsichen, Mandeln, Forsythien und Kastanien.
Die Zweige schneidet man schräg ab, damit sie viel Wasser aufsaugen können. Noch besser ist es, die Schnittstelle mit einem Hammer breitzuklopfen. Wenn es schon kalt draußen ist, stellst du die Zweige zunächst im Kühlen in ein Gefäß mit Wasser und bringst sie erst am nächsten Tag ins warme Zimmer. Schon nach einigen Tagen werden die Knospen dick, und Blüten und Blättchen beginnen zu treiben. So kannst du schon zu Weihnachten blühende Zweige im Zimmer haben.

Im Dezember ist die Garten-Uhr abgelaufen.
Aber du weißt ja: während der *Winterruhe* bereiten
sich die Pflanzen unter der Schneedecke für das kommende
Jahr vor. Sobald die Kälte nachläßt, kommen die Schneeglöckchen
heraus und die Weidenkätzchen treiben. Der Saft steigt
in den Bäumen und Sträuchern.
Vielleicht fängst du dann in diesem Buch wieder zu lesen an.
Denn vieles hast du inzwischen vergessen. Von Mal zu Mal wirst du
besser verstehen, was und wie alles im Garten und in der Natur
vor sich geht. Schön wäre es, wenn dieses Buch dir helfen würde,
daß der Garten dein Hobby wird.
Ich würde mich freuen, wenn es dir Spaß macht!